LA CONFESSION ET REPENTANCE DV BON LARRON SE RETIrant des troupes de Bretagne.

1614.

CONFESSION DV BON LARRON.

MON pere, puisque vous me reprenez d'abord, que ie fay le signe de la croix de la main gauche, & que vous iugez bien à ma mine que ie ne sçay bonnement que plumer la poule, ignorant comme vn cheual de poste tous formulaires de confession, ie vous prie de supporter l'asnerye du personnage, & de m'interroger s'il vous plaist comme le criminel sur la selete, afin que si ie ne m'endors en vous escoutant, ie vous puisse respõdre par ordre, & de poinct en poinct: C'est assez de ces demandes là, mon pere. Il ne faut pas me charger l'esprit de tant de besongne. Car depuis qu'a la guerre de la reformation i'ay esté blessé a la ceruelle, i'ay la memoire fort courte. Et qu'ainsi ne soit, ie vous asseure que ie n'ay pas plustost beu, que ie redemande soudain la bouteille, tant il me ressouuient peu de ce que ie fais. Pour vous respondre donc mon pere, vous me demandez premierement qu'elle est ma vacation pour sçauoir si ie m'en suis acquicté comme il faut. A cela ie vous diray veritablement, qu'a mon grand regret ie n'exerce point de mestier à present, me retirant miserable auec vn baston blanc à la main pour recompense de mes seruices: Mais ces iours passez auant les allées & venuës, de Monsieur l'anonciateur de la paix, i'auois bien l'honneur d'estre bon Soldat de picorée & qui plus est haussant de grade ie deuins cheuau leger, monté sur la vache du paysant, auec ample commission de mes superieurs pour branqueter, (ou parlant selon les termes de lart) pour reformer les villages de tout ce pays. Mestier ou i'ay acquis tant de reputation que iamais Reubarbe, n'y Sené ne purgea si bien corps humain, que nous auons vuidé toutes les maisons par où nous auons passé, ny ayans laissé aucuns viures que nous ayons peu engloutir ou dissiper, n'y meubles que nous ayons peu emporter ou brusler. Voila ma vacation mon pere, voila l'honnorable mestier que ie sçauois faire, & dont les lettres de maistrise me furent données *gratis*, afin d'auoir tant plus de prise aux Estats generaux sur la paulette, & sur ceste monstrueuse venalité des autres offices du Royaume. Quant à ce que vous me demandez aussi si ie suis lié au Sainct Sacrement de mariage, ie vous prie de croire que ie n'ay pas peché en cela. Car ie n'ay iamais demeuré en garnison six sepmaines en vn lieu que ie ny aye pris femme, en ayant espousé vne en Picardie; vne autre à Mezieres, vne autre aupres de Sedan, vne autre en Bretagne & auois desia fiancé vne iolie maistresse en Poictou, qui auoit aux champs vne belle maison bastie en Potence, mais on ne me donna pas loisir de l'espouser, car mon Capitaine n'estant pas homme de ceremonies, ne voulut iamais attendre par honneur l'arriuée du Roy en ce pays là. Bref i'ayme tant ce sacrement que ie ferois conscience de caresser la moindre fille du monde, quand ce seroit la seruante d'vn cabaret, que ie ne luy promette aussi tost mariage, & que ie ne la prenne volontiers pour femme, ny ant nulle de toutes celles que i'ay espousées qui ne soit grandement à son aise,& qui,elle & ses enfants ne soient logez en maison d'honneur,c'est a dire à l'Hostel Dieu, où comme enfant trouué, & fils de pute, (ne vous desplaise) i'ay esté esleué dés le berceau & où auant que de sçauoir tuer des poules,i'appris en mon enfance à tuer hardiment des poux , pour presage d'vne plus grande valeur à l'aduenir. Vn homme n'est il donc pas marié à ce compte là ; & peut-on dire qu'il viue comme vn vagabond, sans feu, ne lieu ?

Or quand à ce que vous me demandez qu'el est le dernier temps de ma confession , & si i'accomplis la penitence qui me fut lors enioincte , ne vous en mentant point, ie croy qu'a conter iour pour iour , il y à auiourd'huy iustement sept ans que ie me suis confessé,& ne me souuient pas bonnement si i'accomplis ma penitence où non aux cas plus importans : Mais bien suis-ie memoratif, que le Curé de nostre Paroisse à qui i'auois la nuict escroqué deux coqs d'inde , me chargea fort de les restituer, à peine de damnation eternelle, ce que ie ne fis pas neantmoins , ains de pitié que i'eus de voir secher & maigrir de langueur les deux femelles qui restoient dans sa basse cour , nous les enuoyasmes encores seruir d'armoiries en champ de gueule.

Et sur ce que vous desirez sçauoir mon pere , si i'ay point transgressé les commandemens de la premiere & seconde table, si vous entendez par le mot de table le lieu ou l'on estend la nappe , vous pouuez bien croire que si i'ay versé a boire à la premiere,qui est celle de mon Capitaine , ie ne me suis pas espargné de faire mon deuoir à la seconde , où s'assient les gens de ma qualité. Au reste, le denombrement que vous auez faict de ces sept pechez que vous dites estre mortels, pour ce qu'ils esteignent la grace en l'homme , ie vous promets que si cela est, ie suis la creature du monde la plus disgraciée. Premierement, pour l'orgueil i'en suis enflé comme vn balon l'est de vent. Pour l'ire, ie suis chagrin, difficile à seruir & me mets soudain en cholere contre vn hoste, quand il ne court viste au vin, n'y ayant de plus, sorte de maugréments & de blasphemes, dont ie n'orne mon langage. Pour l'enuie, ie ne conuoite rien du bien d'autruy, ie voudrois seulement que tout fust mien. Pour la paresse, si se leuer à dix heures du matin est peché mortel, & si aymer mieux desieuner au sortir du lict, que d'aller à la messe, ou au sermon est peché mortel, certes i'en ay dans les fesses. Pour l'auarice, i'en suis du tout innocent, estant homme qui mets tout cuire, & n'est besoing que d'en auoir. Pour la gloutonnie, c'est la vertu ou ie suis le plus accomply, & suis en cela de si bon naturel que tout Capitaine de gens de pied, qui me monstrera vne espaule de mouton d'vne main, & vn pain blanc de l'autre, ie le suiuiray iusqu'au bout du monde, enuers tous & contre tous, sans m'informer où il aura pesché sa commission. C'est pourquoy comme bon Catholique qui s'accommode à tout, & qui ne contredy iamais la liberté des Edicts, i'ay fort librement mangé de la chair en Caresme, y comprenãt tous les Vendredis & Samedis de l'année, sans sçauoir que c'est de Vigiles n'y de quatre temps, en laissant l'obseruation a ce bon Prelat, Monsieur de N. qui s'en acquictera pour le moins aussi bien que cest autre Euesque, que i'ay l'honneur de cognoistre, & que i'ay veu cest hyuer à la teste de nos troupes, comme le seul zelé qui a assisté la reformation à ses despens, & sans retranchement de la portion des Moines de S. Martin. Pour la luxure, les raps & violemens que mes compagnons & moy auons commis tesmoignent assez de ma temperance & pudicité. Mais touchant les trois vertus Theologales dont vous

L'IMPRIMEVR AV LECTEVR.

Pour faire plaisir à vne douzaine de bons Catholiques, qu'il y à dans le Palais de la grande ville, lesquels tiennent en leur Theologie hermaphrodite, que la confession sacramentalle se peut & doit reueler en certains cas enormes, ie vous en representeray icy vne, faicte à Nantes par vn Soldat, qui se retirant des troupes de Bretagne estima estre temps de songer vn peu à sa conscience. Non que i'aye sceu la confession de ce penitent par aucun homme d'Eglise, ny ayant nul d'eux qui pour tous les droicts imaginaires de la succession du Roy Arthus voulust commettre ceste horrible impieté: Mais vne bonne vieille nostre voisine, qui estoit tout contre luy, quand il faisoit ain-

si l'inuentaire de ses bonnes œuures, m'a rapporté ce qu'elle en auoit entendu. Lisez donc & considerez en la vie de cest homme de bien qu'elle est l'innocence de ses compagnons.

Psal. CII.

La misericorde du Seigneur, est dés le commencement & iusqu'a tousiours, sur ceux qui se repentent.

—

vous me parlez, la foy, la charité, & l'esperance, ie vous diray que i'ay tousiours esté fidelle comme tous les diables & pour la charité ie l'ay euë en telle recommandation que i'ayme plus la bourse d'autruy que la miéne propre, & mesme ie vous prie mõ pere de serrer vn peu la vostre en l'autre poche de peur de tentation. Car la sentant si pres de moy cela chatouille plus ma conscience que ma chair. Et pour le regard de l'esperance, on m'auoit tousiours fait attendre merueilles du progres des affaires de la reformation en ce pays: Mais à ceste heure que la mine est euentée, ie n'espere plus rien & renonce volontiers à telles fabuleuses pretentions. D'auantage, en ce que vous m'interrogez si i'ay point abusé de mes cinq cens de nature, ie vous cõfesseray librement que i'ay les yeux plus grands que le ventre, mes oreilles ayans esté arrousées de milles guerindons, & de milles mauuais contes qu'on forge à plaisir, & contre l'Estat & contre ceux qui l'administrent. Pour l'odorat, i'aduouë que i'ay (comme font beaucoup d'autres) mis souuent mon nez à tout plein d'affaires où ie n'estois pas appellé. Quant au goust, ie ne suis pas fort delicat, tout m'est bon & ne trouue iamais rien de trop froid ny de trop chaud, autant m'est en fin le blanc que le clairet. Mes mains au reste, font si bien leur deuoir pour le cinquiesme sens qui est le toucher, que le tasteur de Paris n'y faict rien, ressemblãt au gascon qui ne se soucie pas d'auoir de l'argẽt pourueu qu'on le mette en part où il y en ait.

Or en ce qui regarde les œuures de misericorde temporelles, ie les ay accomplies comme il faut, ayant tousiours despouillé ceux que i'ay trouuez les mieux vestus, & donnant à manger a ceux qui auoient faim, & à boire a ceux qui auoient soif, i'ay tousiours arraché le pain des mains de la veufue & de l'orphelin, leur oſtant le vin de peur de la chaleur de foye. Quant aux ſpirituelles, i'ay conſolé les payſans que i'ay aſſommez, hauſſant l'impoſt des billots de Bretagne ſur leurs oreilles. I'ay cõme on ſçait enſeigné les idiots a ſerrer ce qu'ils ont peu de deuant mes griffes. I'ay auſſi viſité les priſonniers tout autant de fois que les Archers du Preuoſt m'y ont accompagné.

Il me ſemble mon pere que voila tous les poincts que vous m'auez demandez. Ce ne ſeroit que vous importuner de vous reciter par le menu tous les autres petits pechez veniels que i'ay commis en ceſte guerre, comme ſont bruſlemẽs, aſſaſſins, rançonnemens, pollutions de Tẽples & autres telles gallanteries. Ie me ſuis meſme pleu à tous ieux de hazard, notamment à vne certaine triõphe inuentee de nouueau, où eſcartans les Roys, nous faiſions valoir autant les vallets. I'ay meſmes cõmis ſacrilege en conuoitant la femme d'vn Miniſtre, pour vengeance de ceux qui appellent le Pape Antechriſt. N'eſtãt en fin hypocrite ny diſſimulé, voila la frãche & libre cõfeſſion du pauure ſoldat. Si cela eſt bien ou mal faict i'en laiſſe le iugement à vous mon pere, qui portez des lunettes. Bien vous diray ie que i'ay neãtmoins recogneu en faiſant chemin que les reglemẽs de noſtre belle milice ſont blaſmez & deteſtez de force gens, & meſme d'vn certain Moyne bas Breton que ie trouuay auant hyer ſur vn mulet à la cãpagne de Nantes, ou il couroit vn lieure, ne l'eſtimant pas moins bon chaſſeur, que docte Theologien. Soudain qu'il m'aperçeut, il picqua droict à moy & me recognoiſſant à peu pres à la trongne, me demanda ſi ie n'eſtois pas de ces picoreurs qui ſe retiroient: Ie luy reſpondy le chapeau à la main, que veritablement i'en ſtois vn à ſon ſeruice & de ſa beſte, laquelle i'euſſe volontiers menée boire à la bonne eau. La deſſus ſe debatant à outrance il commença à declamer contre moy & me disoit, ô miserable, n'es tu pas incensé de iouër ainsi à te faire pendre ? N'est ce pas meriter milles cordes & milles gibets, que d'auoir porté les armes sans l'adueu de ton Roy ? Mal'heureux ! ie t'excuse adioustoit-il, ie blasme seulement ceux qui t'ont desbauché, Mais croy moy soldart delabré mon amy, renonce à ce train de vie, ferme l'oreille à ceux qui te voudront enchâter & porter au mal. Aime cordiallement ton Roy, aime ta patrie, & ab'horre tous factieux qui en voudroient troubler le repos. Et comme il me parloit en ceste vehemẽce qui l'enrheuma & altera si fort qu'il se teut court, vn honneste gentilhomme vestu de triste amie que ie ne cognoy que de veuë, prist la parolle & m'exhortant à ce mesme deuoir, me dist fort courtoisement, puisque tu viens à Nantes, tu auras ce bonheur que d'y voir leurs Majestez, lesquelles depuis Paris iusques icy n'ont receu que toute obeissance & que tout gracieux recueil de leurs peuples. Orleans, Blois, Tours, Chastelleraut, Poictiers, Saumur, Angers & Nantes, se sont grandemeut esiouyes de se voir confortees de leur presence, tout ayant flechy deuant ces *Deitez* terrestres, sans que durãt leur sejour il y ait eu rien de fermé aux Villes & Chasteaux, ains les portes ouuertes nuict & iour & les Garnisons vuidees, elles n'ont cherché autre asseurance, que celle qu'vn grand Roy donne à ses subjects, par tout où il est. Ie croy mesme que si ce grand Cardinal eust esté à la Cour, l'autheur du Mystere d'iniquité eust par submissiõ rangé sa Bibliotheque sur la contrescarpe du Chasteau de Saumur, sans troubler la feste d'aucune cõference. Tu verras le Roy, les delices du monde, si bien né & de si belle esperance, que tu le iugeras vrayement digne de la Couronne qu'il porte sur le Chef.

Tu admireras l'inclination qu'il à aux armes, & comme ayant le courage tout Martial, il se delecte aux exercices de ce mestier. Tu sçauras comme en se iouant il à gaigné le prix de l'harquebuse par tout où il à passé. Augure certain qu'ayant vn iour la Lance à l'arrest, il sçaura donner droict dans la visiere de ceux qui serőt si temeraires que de chocquer son authorité. Tu sçauras comme ce ieune Monarque auec les armes ayme conjoinctement les lettres, estant comme vn second Achille nourry de mouëlle de Lions, cest à dire de bons & salutaires preceptes, pour apprendre à gouuerner heureusement ses peuples, ceste propension, qu'il à a la lecture de l'histoire, estant vn gage asseuré, qu'il ne fera iamais que les choses vrayement dignes de L'histoire. Tu verras ceste grãde Princesse la Royne sa mere, que le Ciel na pas moins enrichie de rares qualitez de l'esprit, que la nature l'a ornée de la beauté & des graces du corps. Tu sçauras comme elle ayme la Pieté, la Iustice, la clemence & comme surpassant en munificence toutes les Roynes de la terre, elle lye & attire à soy par ses liberalitez les cœurs & les affections de ses seruiteurs. Tu y verras vn florissant rameau de la tige Royale, qui croissant d'aage va aussi augmentant en merites & en vertus. Tu verras la Royauté assistée de ces genereux Princes de l'Illustre maison de Lorraine, lesquels demeurans cőstamment attachez à l'amour & à l'obeissance de leur Souuerain, recueillent la gloire & l'honneur qu'ils meritent. Tu verras les Officiers de la Couronne, secondez des Ministres de l'Estat se porter si genereusemẽt au bien, que la calomnie, l'enuie, ny la mesdisance d'autruy, ne les destourneront iamais du fidelle seruice qu'ils rendent au public. Tu verras tous les grands de ceste Prouince d'vne & d'autre Religion s'efforçer à qui mieux

mieux, tesmoignera sa fidelité & son affection au seruice du Roy, s'vnissans par les liens d'vne si bonne cōcorde les vns auec les autres, qu'on diroit que ce n'est qu'vn cœur dans diuers corps. Ils iugēt bien aussi que la rancune & la passion, sont de tres-mauuaises conseilleres & lesquelles nuisans au public, ruinent encores les fortunes particulieres. Et comme il fut tres-elegamment representé à l'ouuerture des Estats de ce pays, si la Bretagne à participé aux maux de ces derniers mouuemens, ça esté plus par contagion, & par le voisinage des autres Prouinces empoisonnées, que non point de dessein particulier qu'elle ayt iamais eu de brouiller. L'hermine à aussi cela de propre qu'elle n'à nulle participation auec les serpens, cest à dire, que les Bretons sont volontiers bons François, sans ad'herer à aucune coniuration, comme l'à fidellement tesmoigné cest Auguste Senat de Rennes, par ses Arrests & fulminations, contre les perturbateurs du repos public. Bref, tu apprendras cōme tous les autres Princes, absens de la Cour, ne respirent que le salut de l'Estat, ne doubtans point que la gloire du Roy, ne soit la lumiere d'où ils empruntent leur propre splendeur & qu'au contraire en s'esloignans de ce bel Astre, ils s'obscurcissēt & perdēt tout leur lustre. Ioinct que hors la Cour & les bōnes graces du Prince, Les cuisiniers des grāds, iouënt le plus souuēt aux quilles deuāt disner. Si d'ailleurs tu desires sçauoir des nouuelles du monde, tu apprendras à la Cour que leurs Majestez ne desirent rien tant que la tenuë des Estats generaux, afin d'y receuoir à bras ouuerts, tout ce qui se pourra proposer au soulagement de leurs peuples. Tu y apprendras aussi comme elles ne redoutent non plus l'assemblée politique des Huguenots, sur l'asseurance qu'elles ont qu'ils n'attenterōt rien de nouueau se contenans dans les limites du deuoir & de la raison les plus pacifiques temperans l'humeur desreglée de certains esprits fanatiques qui voudroient faire de la Religion vn gage de fortune. Tu sçauras comme ces deux grands Roys, pour ne rompre le loüable dessein qu'ils ont de s'allier ensemble, au bien commun de la Chrestienté, trauaillent à composer auec honneur & à l'amiable, le different des limites de la France & de Nauarre, la chose estant desia si heureusement acheminée qu'on en espere yssuë au contentement de tous. Le mesme se promet-on de la negociation qui se faict tant du costé de la Sauoye, & de la Lombardie, que du costé de la Hollande & de la Flandre, afin que tous ensemble par vn bon concert conspirent à la manutētiō d'vne paix vniuerselle, l'ire de Dieu, la honte & le blasme des hommes, estans apprestées à celuy qui voudroit iniustement tourner ses armes contre ses voisins Et sur ce que m'interrompant (me dist-il) tu me demandes si on se seroit point approché si pres de la Mer à dessein de passer outre aux alliances, saches mon amy que ceste action la est si glorieuse & si solēnelle, que quand il plaira à leurs Majestez de l'accomplir, elles le feront enseignes desployées, cest à dire au veu & au sçeu de toute la terre habitable & non en cachette & à la desrobée.

Dauantage, tu sçauras que le Roy est à la veille d'entrer en sa majorité & que parlant le mesme langage du Roy Charles neufiesme, en sa declaration de l'an 1563.
„ il dira lors que sō intētiō est de prēdre de la en auāt en
„ main le maniement & administration de son Roy-
„ aume & des affaires d'iceluy, y commander & en
„ disposer, par le conseil de la Royne sa mere, Princes
„ de son sang & gens de son Conseil. Si bien que ce sera vn Soleil qui montant à son midy eclypsera toute

grandeur qui se voudra opposer à la sienne & qui sechant les malins cõme l'herbe des champs, viuifiera les bons par sa Iustice. Car si de mal'heur il y auoit à l'aduenir quelque grands, qui portez d'vn mauuais conseil luy donnassent occasion de se plaindre de leurs deportemens par l'intelligence qu'ils pourroiēt practiquer hors de son Royaume, il sçaura faire obseruer rigoureusement les Ordonnances du mesme Roy Charles, par lesquelles il declara qu'il ne vouloit plus „ que nul de ses subjects (fussent ses freres) ayent nul- „ le intelligence ny qu'ils enuoyent sans son congé „ en pays estranger, ny à nuls Princes, soyent amis ou „ ennemis, sans son sceu &c. Ny d'escrire en chiffre ny „ autre escriture feinte ne desguisée, à Princes estran- „ gers ny aucuns de leurs subjects & seruiteurs, pour „ chose cõcernant son Estat. Sil y à des grands qui en sa majorité façent assemblées & qui aillent accompagnez de troupe de Noblesse, au prejudice de son seruice & sans son commandement, il renouuellera l'ordõnance du mesme Roy, où il declare que pour autant „ que la malice & necessité du temps à esté cause, que „ plusieurs gentilshommes & autres qui sont en nos „ estats, & à nos gages & solde, se sont tant oubliez, „ qu'ils ont suiuy & accõpagné & mesmes pris gages, „ pēsion & estats d'autres Princes & Seigneurs que de „ nous, chose qui à donnè grande force & moyen à „ l'entretenement des troubles & tumultes qui ont eu „ cours en nostre dict Royaume, ce que nous desirons „ euiter pour l'aduenir. Defendons pour ces causes & „ autres bonnes & grandes considerations à ce nous „ mouuans, à tous les dessusdicts ayant gages, solde & „ estat de nous, sur peine de perdition & priuation de „ leursdicts estats & d'estre cassez de nostre seruice „ qu'ils n'ayēt à prendre, accepter ny receuoir, entrer,

„ ny demeurer au seruice, suiure, ny accompagner au-
„ tre Prince ny Seigneur que nous, &c. Voulons &
„ entendons que lesdicts Princes & Seigneurs, soyent
„ seulemẽt suiuis, seruis & accompagnez des gentils-
„ hommes qui leur sont domestiques & à leurs gages,
„ & non d'autres, sinon que ce fussent gens de nos
„ ordonnances, suiuans leurs Capitaines & c. Le Roy
traictant ses subjects de cest air, ne sera ce pas leur oster
tout moyen de mal faire? Si mesmes ses Cours souue-
raines entreprenoiẽt plus qu'elles ne doiuent, ou vou-
lussét s'attribuer la cognoissance absoluë de l'Estat & se
rendre comme arbitres de la paix & de la guerre du
Royaume, le Roy en sa majorité leur sçaura tenir le
mesme lãgage que fist ledict Roy Charles à Messieurs
de la Cour du Parlement de Paris, sur le delay qu'ils
apportoient à verifier vne de ses ordonnances. Vous
„ auez (leur disoit il) entendu ma volõté & comme
„ ie n'ay faict ceste ordonnance de ma volonté seule,
„ ny de celle de la Royne ma mere, ẽcores que ie n'eus-
„ se que faire de vous en rendre compte, pour estre vo-
„ stre Roy & chose que les autres n'ont accoustumé:
„ Mais pour ce coup ie l'ay voulu faire. Aussi ie vous
„ veux dire afin que ne continuez plus à faire cõme
„ auez accoustumé en ma minorité, de vous mesler
„ de ce qui ne vous appartient & ne deuez & qu'à ceste
„ heure que ie suis en ma majorité, ie ne veux plus que
„ vous vous mesliez que de faire bonne & brefue Iu-
„ stice à mes subjects. Car les Roys mes predecesseurs
„ ne vous ont mis au lieu ou vous estes tous que pour
„ cest effect, afin que leur cõscience en fust deschargée
„ deuant Dieu & que leurs subjects en vesquissent en
„ plus de seureté soubs leur obeissance, & non pour
„ vous faire mes tuteurs ny protecteurs du Royaume
„ n'y cõseruateurs de ma ville de Paris. Car vous vous

estes

„ estes faict acroire iusques icy qu'estiez tout cela:
“Et ie ne vous veux plus laisser en c'est erreur: mais
„ vous commande qu'ainsi que du temps des Roys
„ mes Peres & grands Peres, n'auiez accoustumé de
„ vous mesler que de la Iustice, que doresnauant ne
„ vous mesliez d'autre chose. Et quãd ie vous cõman-
„ deray quelque chose, si y trouuez aucune difficulté
„ pour ne l'entẽdre, ie trouueray tousiours bon que
„ m'en faciez remonstrances comme souliez faire aux
„ Roys mes predecesseurs & non comme mes gou-
„ uerneurs, & apres les auoir faictes, ayant ouy ma
„ volonté sans plus de replique y obeir. Er si faictes
„ ainsi, vous me trouuerez aussi bon & doux Roy en
„ vos endroicts qu'en eustes iamais. Et faisans cõme
„ auez faict despuis que vous estes faict a croire qu'-
„ estiez mes tuteurs, vous trouuerez que vous feray
„ cognoistre que ne l'estes point, mais mes seruiteurs
„ & subjects que ie veux qui m'obeissent à ce que ie
„ vous commanderay. N'estoit-ce pas la parler en Roy & sçauoir regner absolu ?

Ainsi ce gentil-homme m'alloit entretenant iusqu' aux portes de ceste ville, ou il disparut. Autre chose n'ay ie à vous dire mon pere : Voila le sac vuidé, & si ie n'ay encores faict pis excusez ie vous prie, non la bonne volonté, mais la foiblesse & impuissance du pelerin. Qu'est-il donc de faire maintenant, puis que ie voy les plus grands faire les chiens couchans & s'humilier aux piedz de leurs Majestez, & proceder auec tant de candeur, qu'ils n'apportent nulle fuyte ny elusion, pour se trouuer es Estats generaux, là ou l'on dict que toutes choses se reformeronr vrayemẽt & par effect, non pas en idée & en imagination cõme mes bõs Seigneurs ont faict iusqu'à present ? En fin la grande põpe & esiouïssance publique de ces braues

Citoyens de Nantes, à l'entrée & durant le sejour du Roy, me faict assez recognoistre qu'il n'y a que frire pour moy en ce pays & qu'il n'y iroit que de la hart par prouision, si ie voulois à l'aduenir y continuer le beau mestier que i'y ay faict despuis six mois, tout ce peuple estant porté comme il est d'amour & d'affection au bien du seruice du Roy.

Pourtant i'estime que comme dit le prouerbe, qui ne trouue mieux se couche auec sa femme, qu'aussi le meilleur sera pour moy de commencer le premier du moys qui vient à estre hõme de bien, à ceste heure que ie suis repentant des fautes passées, & que mon Capitaine & moy ne sçauons plus de quel bois faire fleche. Ie suis bien d'aduis de demãder vne picque aux gardes du Roy & d'y apprendre l'ordre, la iustice & la discipline militaire que ce grãd Colonel y faict exactemẽt obseruer, si tãt est que pour penitence d'auoir deshonoré les armes, on ne m'y faict seruir trois mois de goujat. Et quant à la demãde que vous m'auez faicte sur la fin de ma confession, si i'auois poinct leu des liures deffendus, ie vous diray librement, que si les liures imprimez à Geneue sont liures deffendus i'ay griefuement peché en cela. Car puisque nous sommes auiourd'huy en France mouchetez de blanc & de noir, comme les Renards de Moscouie, il y auoit en nos troupes des catholiques & des huguenots pesle mesle, afin qu'auec ces ingrediẽs le bolus de la reformation operast mieux. Il y à bien aussi quelque temps qu'vn petit faiseur d'Almanach me fist lire vn certain liure de Necromance, curieux que i'estois de sçauoir par cest art, si de petit cõpagnon ie pourois point deuenir quelque grãd Roy. Mais n'ayant pas l'hõneur d'estre autrement fort familier du diable, il m'apparut soudain & sans s'enquerir si i'estois soldat de la reformation & de ses amis ou non il m'estrilla à poids de Marc, si bien que ie n'y suis pas retourné despuis. Car iamais vilain n'eut telles affres, & de Roy que ie voulois estre, ie me fusse contenté lors, d'estre tout foireux simple Duc de Bretagne. Il y à bien vn liure qui n'est pas heretique, & que beaucoup de bons mesnagers cherchent, intitulé *La restauration des Marmites renuersees*, mais il est rare. I'en leu l'autre iour vn bon, *De cõcordia inter Ciues*, imprimé de nouueau à la Rochelle, & paraphrasé par le sacré Consistoire de Nismes, auec vn traicté sur la fin par luy mesme *De spoliatione bonorum* dedié à Monsieur Ferrier. Pour les autres dont vous me parlez, qui sont composez par des estrangers Espagnols ou Allemans, & dont les François ne peuuent mais, ie vous iure que ie n'en ay iamais veu la simple couuerture, ny moins eu enuie de lire les recueils & extraicts qui s'en vendent à Charenton, croyant que ce qu'on iuge valoir peu en gros, ne doibt pas estre meilleur en detail. On dit enfin qu'il s'en imprime vn nouueau en taille douce, où sont viuement depeinctes les sottises & asneries refripées d'vn effronté calomniateur, qui impute faussement vn crime horrible à des gens, dont l'innocence est cognuë de Dieu & des hommes, & lesquels tiendroient à blasme d'estre louëz d'vne bouche si infame & de laquelle sort cõme de la gueule d'enfer ceste imposture & ce blaspheme, de dire en l'Epistre de son libelle, que celuy qui est Vicaire de sainct Pierre enseigne *à manger Dieu & à tuer les Roys*.

Tu iuges Lecteur de quelle Parroisse est ce bel Escriuain.

FIN.

EX EPIST. CIC.

Nullum est periculum, quod pro Republica, aut refugiam aut deprecer.

www.ingramcontent.com/pod-product-compliance
Lightning Source LLC
LaVergne TN
LVHW052036160826
845678LV00003B/1369

9782329637990